ISHVARA HEALING MEDITATION

L'arte della longevità

Dawio Bordoli e Maria Theresia Bitterli
in collaborazione con
Anja Käthner e Alex Dawson

Ringraziamenti

Ringraziamo di cuore Anja Käthner e Alex Dawson per il loro prezioso contributo nel porre alcune domande a Ishvara.

Prima edizione 2019

© studio Ishvara

studioishvara@hotmail.com

Herstellung und Verlag

BoD – Books on Demand,

Norderstedt

ISBN: 9783749468362

Sommario

Introduzione

La speranza di esistere in eterno è il sogno dell'uomo e da secoli la scienza investe fior di quattrini nella ricerca di nuove medicine, tecniche, strumenti e metodi che possano, se non far vivere per sempre, almeno far vivere il più a lungo possibile e in buona salute.

Se da un lato l'alimentazione è importante, ancor più lo è il senso di appartenenza a una comunità. Nel mondo esistono diverse zone in cui gli abitanti vivono più a lungo e più in salute rispetto ad altre parti della Terra. Ad esempio, Okinawa in Giappone[1] è uno dei luoghi in cui la gente vive di più e gli ultracentenari che vi abitano sono meno toccati dalle malattie degenerative che più

---

[1] https://www.lastampa.it/cultura/2012/02/16/news/il-segreto-di-okinawa-br-l-isola-dove-si-vive-fino-a-cent-anni-1.36500997

colpiscono altri paesi come le malattie cardiovascolari, i vari tipi di tumore e l'osteoporosi. Il segreto della longevità della popolazione di Okinawa sta nello stile di vita, in una dieta a base di alimenti salutari e poco calorici come i cereali, la soia, il pesce, la verdura, la frutta, le spezie, le erbe aromatiche, i tè e la consapevolezza di essere ancora importanti e necessari per la famiglia e la società, la voglia di vivere, divertirsi e lavorare.

È ufficialmente riconosciuto che in Cina un uomo, il signor Li-Ching Yun[2], ha vissuto fino a 256 anni. Si racconta che un giorno il condottiero dell'Impero Wu Pei-Fu andò a casa sua per chiedergli quale fosse il segreto

---

[2] http://www.absurdityisnothing.net/2010/03/il-mistero-di-li-ching-yun-luomo-che-visse-256-anni/

di tale longevità e la risposta dell'uomo fu: "Mantenere il cuore calmo, sedersi come una tartaruga, camminare allegro come un piccione e dormire come un cane". Abbiamo cercato di dare un'interpretazione a quest'affermazione: con "mantenere il cuore calmo" si potrebbe intendere di non stressarsi troppo, di non lasciarsi soggiogare dai sentimenti e dalle emozioni forti. Invece, con "sedersi come una tartaruga" potrebbe essere un invito a meditare, ovvero, a prendersi il tempo di sedersi e rimanere fermi, ad imparare a contemplare la bellezza della vita. Con il "camminare allegro come un piccione", il signor Li-Ching Yun ci propone di muoverci per mantenere un'agilità corporea attraverso tutte quelle attività che ci aiutano a mantenere il nostro corpo e la nostra mente in salute. L'interessato potrebbe intendere, con la figura del piccione, il cercare di relazionarsi con gli altri con gentilezza, con gioia e ad avere un atteggiamento pacifico. Se, come ci invita il signor Li-Ching Yun, facciamo del nostro camminare, della nostra vita, un "fare" gioioso, ecco l'importanza di essere positivi. Infine, il "dormire come un cane" ci porta ad imparare anche a dormire in modo sempre più profondo, in qualsiasi luogo come fanno i cani, abbandonando tutte le preoccupazioni quotidiane.

Per la maggior parte delle persone, in generale, è molto difficile e raro avere una salute migliore con l'avanzamento degli anni. È molto faticoso cambiare certe abitudini che non fanno bene alla salute, anche perché si è continuamente soggetti allo stress.

Nei prossimi 5 capitoli andremo ad approfondire alcune importanti tematiche sulla salute e sull'arte della longevità. In ogni capitolo troverete un'introduzione sulle relative tematiche e successivamente un approfondimento con Ishvara. Spiegheremo che cos'è l'Ishvara Healing Meditation. Termineremo con una breve conclusione.

Le malattie più diffuse nel mondo[3]

"L'Oms le ha definite un'epidemia invisibile: una vasta gamma di patologie a sviluppo lento e progressivo, che rappresentano la prima causa di morte nel mondo, un'autentica "epidemia invisibile". Così l'Oms ha definito le patologie croniche. Malattie cardiache, respiratorie, tumori, disturbi mentali, diabete, caratterizzate da un lento e progressivo declino delle normali funzioni fisiologiche, sono infatti la principale causa di morte soprattutto nei paesi industrializzati. Spesso insorgono in età giovanile, ma prima di vederne i sintomi possono passare anche molti anni: oltre a caratteristiche come l'età e la predisposizione genetica, infatti, molto spesso alla base di

---

[3] https://www.wired.it/attualita/2016/11/26/malattie-croniche-diffuse/

queste patologie ci sono fattori di rischio prevenibili come un'alimentazione poco sana, il consumo di tabacco e di alcol, il poco esercizio fisico. Stili di vita e abitudini scorrette che possono generare quelli che vengono definiti fattori di rischio intermedi, condizioni come l'ipertensione, la glicemia alta, livelli di colesterolo non nella norma e l'obesità, che facilitano lo sviluppo di malattie croniche. "

Com'è possibile che ci siano ancora tutte queste malattie croniche, in tempi dove i diversi tipi di medicina sembrano essere all'avanguardia?

Ishvara: le diverse medicine vanno bene, ma è la società ad essere malata.

Che cosa porta la società ad essere malata?

Ishvara: i valori vanno cambiati.

Quali valori intendi?

Ishvara: una società che si basa sulla competizione genera una marea di malattie che sono lì da vedere.

Bisognerebbe quindi rieducare la società?

Ishvara: sì, rieducare il bambino non alla competizione, ma piuttosto alla cooperazione o alla collaborazione.

Prima di rieducare il bambino a questi nuovi valori, non dovrebbero cambiare innanzitutto gli adulti?

Ishvara: sì, anche l'insegnante dovrebbe essere disponibile ad imparare e a cambiare.

Il bambino impara dall'insegnante, ma anche l'insegnante impara dal bambino?

Ishvara: sì, così la relazione diventa più profonda e i cambiamenti più incisivi.

E come possiamo rieducare i nostri bambini senza che crescano competitivi?

Ishvara: insegnando loro a conoscere sé stessi.

Come si fa ad insegnare ad un bambino a conoscere sé stesso?

Ishvara: rendendolo attento a ciò che pensa, dice e fa.

Il bambino vuole giocare e fa fatica a stare fermo, quindi, come possiamo insegnargli ad essere attento?

Ishvara: osservate ciò che fa con attenzione e amore.

E cosa succede dopo?
Ishvara: il bambino si sentirà osservato e ciò gli darà la sensazione di essere amato.

E il sentirsi amato lo aiuterà a calmarsi?
Ishvara: sì, l'attenzione a lui riposta lo calmerà e lo renderà più disponibile all'ascolto.

La maggiore disponibilità all'ascolto del bambino lo aiuta ad apprendere meglio ciò che l'insegnante vuole trasmettergli?
Ishvara: sì, non può esserci apprendimento senza ascolto.

Questo significa che è più importante ascoltare?

Ishvara: sì, la capacità di ascolto è alla base della comunicazione.

Una volta avuta la disponibilità all'ascolto da parte del bambino come possiamo renderlo più attento a ciò che pensa, dice e fa?

Ishvara: invitandolo ad osservarsi maggiormente in ciò che fa.

Quindi ad accompagnarlo nel renderlo più attento a ciò che sta facendo?

Ishvara: sì, facendo notare i suoi movimenti e pensieri.

Come faccio a conoscere i suoi pensieri? Diventando sempre più empatico?

Ishvara: sì, chiedendo e parlando con lui.

Certamente qui si parla di un bambino già più grande con il quale si può già ragionare?

Ishvara: sì, man mano che cresce lo si renderà sempre più attento a ciò che pensa, dice e fa.

Rendendo il bambino sempre più attento a ciò che pensa, dice e fa, lo si aiuta a conoscersi meglio, aumenta l'autostima e scopre sempre di più i propri potenziali?

Ishvara: sì e lo si renderà attento dei propri condizionamenti.

I propri condizionamenti da dove vengono?

Ishvara: vengono dalle esperienze passate.

Coloro che ci hanno educato e influenzato in modo significativo nella nostra vita e ci hanno in qualche modo privato della nostra libertà, anche se in buona fede, ci hanno formato in ciò che siamo, sono queste le esperienze passate che ci condizionano di più nelle nostre scelte future, facendoci credere erroneamente di essere noi a decidere liberamente, condizionamenti di cui dobbiamo liberarci?

Ishvara: liberandovi dalla schiavitù del passato, diventerete sempre più liberi.

Lo scopo quindi dell'educazione è di aiutarci, già in tenera età, a renderci conto dei nostri condizionamenti, a non imitare nessuno, ma piuttosto ad essere noi stessi e stabilire così delle relazioni umane sempre più valide?

Ishvara: l'educazione dovrebbe rendere l'essere umano più libero.

Che cosa intendi con "libero"?

Ishvara: diventando sempre più consapevoli dei vostri condizionamenti, imparerete a liberarvene.

Come può un adulto che non è stato cresciuto in tale modo, trasmettere questi valori umani?

Ishvara: l'amore e l'attenzione creeranno la disponibilità al dialogo e l'apprendimento.

Quindi questo processo educativo del bambino vale anche per un adulto?

Ishvara: sì, è la base dell'apprendimento.

Coloro che hanno ricevuto troppo poco amore e attenzioni sono spesso più concentrati su sé stessi e risultano più egocentrici di altri, di conseguenza, non sono troppo disponibili al dialogo. Come rieducarli?

Ishvara: conoscere voi stessi vi aiuterà a rieducare la vostra mente e a renderla sempre più innocente come quella di un bambino.

Una mente innocente è una mente libera?

Ishvara: sì, libera da ogni condizionamento.

Qualsiasi educazione non condiziona la mente del bambino?

Ishvara: la mente reagisce in base all'esperienza passata.

È possibile cambiare un'esperienza traumatica del passato?

Ishvara: solo provandoci, lo scoprirete.

Per provare, intendi dire che si può sempre rieducare la nostra mente ad essere più libera?

Ishvara: rieducarvi è una vostra responsabilità.

E anche la responsabilità della mancata educazione in qualsiasi età e delle sue conseguenze?

Ishvara: sì, le responsabilità aprono a fattori karmici complessi.

In che cosa consiste precisamente la nostra responsabilità?

Ishvara: la vostra responsabilità si fonda sull'impegno che siete disposti a mettere in ciò che fate.

Siamo anche responsabili di dire sempre la verità?

Ishvara: il giudizio di valore non è fondato sulla verità assoluta perché non potete conoscerla.

In che misura ci possiamo ritenere responsabili delle nostre azioni passate e delle conseguenze future delle nostre azioni?

Ishvara: fate sempre del vostro meglio in base alle vostre possibilità poiché le conseguenze non sono sotto il vostro controllo.

Se una nostra azione fatta in buona fede ha delle conseguenze negative per qualcun'altro, questo va ad intaccare negativamente anche il nostro karma?

Ishvara: dipende da ogni singolo caso, non basta certo la buona fede a tutelarvi dalle conseguenze karmiche.

Non potendo controllare le conseguenze ed avendo agito in buona fede, ciò ci aiuta a non sentirci in colpa e a poter così affrontare qualsiasi conseguenza karmica?
Ishvara: sì, ma la buona fede non dovrebbe essere usata inopportunamente come scusante.

Quindi è importante essere sempre onesti con sé stessi?
Ishvara: sì, siate sempre voi stessi.

Possiamo non essere noi stessi?
Ishvara: no, voi potete solo essere voi stessi, nel qui e ora.

Quindi, essendo diventati consapevoli delle nostre azioni sbagliate che hanno avuto come conseguenza, ad esempio, una malattia grave o un incidente, diventando più responsabili e attenti delle nostre azioni e mettendocela tutta, potrebbe succedere un miracolo come ad esempio una guarigione spontanea?

Ishvara: sì, può accadere solo per intercessione della grazia divina.

Da cosa dipende l'intercessione della grazia divina allora?

Ishvara: non potete saperlo con la vostra mente limitata.

Essendo noi degli esseri multidimensionali è certamente molto difficile conoscere e controllare tutti gli aspetti del nostro essere che potrebbero avere altrettante conseguenze sul nostro karma, e ancora più difficile, se non addirittura impossibile, avere l'intercessione della grazia divina?

Ishvara: sì ma ciò non vi esula dalle vostre responsabilità.

Non essendo consapevoli di tutti i nostri aspetti multidimensionali, diventa molto difficile essere responsabili delle nostre azioni in altri mondi paralleli?

Ishvara: proprio per questo iniziate da ciò che siete in questa dimensione.

È corretto ritenere che in questa dimensione un essere umano comune può arrivare ad usare un massimo di circa il 10 % delle proprie capacità cerebrali?

Ishvara: non preoccupatevi di ciò che non conoscete ma partite da ciò che siete nel qui e ora.

Partendo da ciò che siamo nel qui e ora, come possiamo essere sempre più consapevoli della nostra parte inconscia, che è quella che governa maggiormente la quotidianità?

Ishvara: diventando sempre più consapevoli delle reazioni della vostra mente alle sfide quotidiane.

E questo è solo possibile relazionando con gli altri?

Ishvara: certo, le relazioni umane sono lo specchio in cui potete riconoscere voi stessi.

Dalla solitudine alle relazioni umane valide[4]

"Come scrisse il filosofo greco Aristotele (IV secolo A.C.) nella sua "Politica" l'uomo è un animale sociale in quanto tende a relazionare con altri individui e a integrarsi nella società.

Moltissime persone amano divertirsi e socializzare, ma allo stesso tempo tante altre si sentono completamente serene rimanendo semplicemente con loro stesse e cercando attivamente questo spazio e altri ancora si sentono soli come un vero e proprio stato della mente, slegato dall'essere o meno con altre persone. Essere soli fisicamente accade a tutti in alcuni momenti, ma ciò è

---

[4] https://francescominellipsicologo.it/solitudine-interiore/

completamente differente dallo sperimentare un senso di solitudine interiore ed isolamento. In questo caso esiste spesso una profonda sofferenza, un senso di vuoto e una sensazione di profondo isolamento, di non essere compreso o di non essere accettato. Sentirsi così profondamente soli può significare il non sentirsi parte del mondo, sentirsi di non appartenere a nulla, nonostante si possa avere una gran quantità di contatti sociali o essere in una relazione. Spesso si accompagnano sensazioni di ansia, ansia sociale, pensieri negativi e tristezza. Ed a volte non sembrano esserci reali motivazioni per sentirsi cosi.

La solitudine può diventare anche una condizione psicologica seria che, se non affrontata, può portare a disturbi ansiosi, dipendenze, depressione e difficoltà relazionali.

Negli esseri umani possono manifestarsi veri e propri sintomi fisiologici quali l'aumento della pressione cardiaca, diminuzioni nel funzionamento del sistema immunitario, difficoltà di memoria, diminuzione della qualità del sonno ed incremento dell'ormone dello stress (cortisolo).

La solitudine può nascere anche dal fatto di avere molte relazioni ma superficiali, oppure nelle quali si dà più di quanto si riceve e non ci si sente compresi.

Avere difficoltà a passare del tempo con sé stessi può indicare una mancanza di contatto con i propri vissuti emotivi oppure traumi legati ad esperienze passate. In questo caso non è solo la qualità delle relazioni con gli altri che ci porta a sentirci soli, ma è la mancanza di contatto con noi stessi.

Al giorno d'oggi, inoltre, molte persone sperimentano così tanta paura di essere sole che finiscono per scegliere di avere relazioni (intime o amicali) che non le soddisfano o che le fanno soffrire.

Di tutto lo spettro delle emozioni umane, la solitudine può essere una delle più difficili da affrontare. È una sensazione universale che viene sperimentata a tutte le età e in qualsiasi parte del mondo.

La maggior parte delle persone giudica negativamente lo stare da soli. Si presume che se passi tempo da solo allora sei una persona sola, isolata, che ha problemi. Specialmente in una cultura come la nostra, nella quale la famiglia è spesso un segno importante di realizzazione personale.

Il fatto che ti senti triste perché è capitato un brutto evento nella tua vita oppure hai deciso di spendere del tempo da solo in un cinema o in un ristorante è assolutamente comprensibile.

La tua solitudine interiore è proprio la tua guida e la chiave per uscirne. Non aver mai conosciuto se stessi significa non aver mai conosciuto nessuno."

Come possiamo vivere la solitudine interiore in modo sereno e creare delle relazioni umane valide che ci aiutano a riconoscere noi stessi?

Ishvara: vivendo la solitudine non come isolamento ma come opportunità di entrare sempre di più in relazione con ciò che vi circonda.

Come facciamo a comprendere ciò che ci circonda?

Ishvara: osservando con attenzione e amore.

Stando nella solitudine e meditando, osservo ciò che c'è dentro e fuori di me?

Ishvara: questo è solo l'inizio, andate avanti.

Perché solo l'inizio?

Ishvara: perché la meditazione porta i suoi frutti nella vita quotidiana.

Facendo esperienze dirette con ciò che ci circonda?

Ishvara: sì, cogliendo così la pienezza della vita.

E così si passa da una condizione di solitudine ad una condizione relazionale sempre più umana e costruttiva?

Ishvara: sì, dopo aver imparato a conoscere voi stessi, imparerete a relazionare con gli altri, che vi faranno da specchio.

Gli altri ci aiutano a capire chi siamo e che cosa cambiare in noi?

Ishvara: sì, questo è il cambiamento non voluto che nasce dalla comprensione profonda.

Che cosa scopriamo con la comprensione profonda di chi siamo?

Ishvara: smascherando il vostro falso io, riscoprirete ciò che veramente siete, il Sé.

Cambiando noi stessi impariamo a comprendere sempre meglio le relazioni umane?

Ishvara: prima di cambiare voi stessi, dovete conoscervi meglio.

Finché non conosciamo noi stessi, non possiamo conoscere gli altri, né tanto meno cambiare la nostra vita e la società?

Ishvara: esatto, ogni cambiamento deve partire direttamente da voi.

Si potrebbe dire che la relazione umana valida nasca dal cercare di comprendere noi stessi, il che significa anche comprendere gli altri, e che da questa comprensione sbocci l'amore?

Ishvara: è una vostra responsabilità.

Basta la comprensione delle relazioni umane per portare un cambiamento nella nostra vita e nella società in cui viviamo?

Ishvara: sì.

La relazione umana diventa valida quando ascoltiamo completamente, con grande attenzione, non solo le parole, ma anche il senso di ciò che viene detto?

Ishvara: certo, senza attenzione non c'è comprensione.

La comprensione ha luogo solo quando ascoltiamo con tutto il nostro essere, dando la nostra piena attenzione alla nostra mente e a come reagisce nelle relazioni quotidiane?

Ishvara: senza comprensione e padronanza della vostra mente non ci sarà crescita delle relazioni umani.

Le idee che abbiamo sulle relazioni umane valide non sono la verità, la realtà, ma sono teoria. Affinché le idee diventino dei fatti, bisogna sperimentarle direttamente, di momento in momento, nel qui e ora, nelle attività quotidiane?

Ishvara: queste sono le basi per una relazione umana valida che possa costruire un ponte nel futuro.

Trasformando noi stessi ed i rapporti umani quotidiani, è possibile che ciò si ripercuota anche oltre il nostro ristretto mondo personale?

Ishvara: si ripercuote in tutto il multiverso.

Così diventiamo sempre più responsabili sentendoci parte attiva di ciò che accade nella nostra vita, non saremo quindi solo osservatori distaccati di ciò che testimoniamo ma anche attori?

Ishvara: sì e così non ci sarà più separazione.

La separazione crea il conflitto e il conflitto genera lo stress?

Ishvara: sì, quando vi sentite separati, ha inizio lo stress.

Che cosa provoca lo stress[5]

"Il termine stress è ormai divenuto di uso comune. È raro trovare qualcuno che non si definisca o non si sia mai definito "stressato". Effettivamente lo stress sembra colpire un po' tutti, anche i bambini.

Lo stress viene definito in vari modi. Una delle definizioni introduce il concetto di "reazione di allarme" e considera lo stress in termini di stimolazione, sostenendo l'esistenza di un "livello critico", ovvero la soglia massima che i meccanismi di compensazione fisiologici possono sopportare. Lo stress, all'interno di una teoria generale e unitaria dello sviluppo della malattia, viene visto come "la risposta non

---

[5] https://www.angelini.it/wps/wcm/connect/it/home/patologie-e-cure/ansia-e-depressione/patologie/lo-stress/come-nasce-lo-stress

specifica dell'organismo ad ogni richiesta effettuata su di esso": ovvero, in seguito ad una varietà estremamente ampia di stimolazioni che possono turbare l'equilibrio interno dell'organismo."

Secondo noi lo stress è uno dei fattori più dannosi per la nostra salute? Che cosa ci potresti dire a riguardo?

Ishvara: imparate a coltivare la pace interiore.

Come?

Ishvara: con tutto ciò che vi rende più calmi.

Se prendiamo dei sonniferi, questo andrebbe anche bene?

Ishvara: sì, se non avete altre possibilità.

Visto che i sonniferi hanno delle controindicazioni, che cosa possiamo fare immediatamente ed efficacemente contro lo stress e che abbia meno controindicazioni?
Ishvara: imparate a respirare meglio.

Nel momento in cui siamo sotto stress, come possiamo migliorare la respirazione senza dover per forza fare un corso di yoga o pranayama?
Ishvara: iniziate con il trattenere il respiro per brevi periodi e ciò vi calmerà.

La maggior parte delle persone non sono soddisfatte del loro lavoro e questo è una delle cause principali dello stress. Inoltre lavorare in un ambiente di competizione, dove le relazioni umane valide hanno poco valore, è un altro fattore che incide negativamente sulla salute. Perciò, molti soffrono di insonnia, ansia, rabbia, violenza che possono condurre al burnout. Sembra impossibile uscire da questo circolo vizioso se non si prendono delle decisioni importanti che ci aiutano a cambiare la nostra vita in meglio.

Che cosa possiamo consigliare ad una persona che non ama il lavoro che sta facendo e che non è nella condizione economica di poterlo cambiare?

Ishvara: scoprite prima ciò che amate fare nella vita, conoscendovi sempre meglio.

E se non abbiamo nemmeno il tempo di pensare a che cosa amiamo fare?

Ishvara: scoprite ciò che vi è possibile cambiare.

E se non abbiamo nemmeno il tempo o la capacità per questo?

Ishvara: allora non vi rimane altro che pregare la grazia divina.

Purtroppo ci sono anche persone che non arrivano a pregare e alla fine dopo magari una profonda depressione si suicidano. Perché la grazia divina non li ha salvati?

Ishvara: ciò che concede la grazia divina può anche togliere la vita terrena.

Non è un po' crudele questa cosa?

Ishvara: anche la crudeltà è parte del gioco cosmico, che è illusione, poiché transitoria.

Ciò non toglie che, illusorio o meno, non ci rimane che l'accettazione di ciò che non possiamo cambiare e se riusciamo ad arrivare a questo punto, qualcosa cambia perché ci abbandoniamo finalmente al nostro destino?

Ishvara: accettandovi per ciò che siete, vi abbandonate dolcemente alla volontà divina, qualsiasi essa sia.

Accettandoci per ciò che siamo, iniziamo a rilassarci e questo in un certo senso ci porta un po' di pace interiore?

Ishvara: sì, i conflitti si placano.

E così anche lo stress si scoglie?

Ishvara: sì.

Ma se invece non riusciamo nemmeno ad accettarci per ciò che siamo, che cosa ci rimane?

Ishvara: ad ognuno rimane il proprio destino.

Possiamo comunque sempre cambiare il nostro destino avendo il libero arbitrio, ma non abbiamo sempre la forza di volontà per farlo, perché?

Ishvara: non conoscendo per certo il vostro futuro, è una vostra possibilità cambiare.

La possibilità di cambiare viene proprio frenata dalle nostre paure di non potercela fare?

Ishvara: il vero cambiamento è quello non voluto.

Che cosa intendi per quello non voluto?

Ishvara: fintanto che volete cambiare, siete nel conflitto.

Se siamo ancora in conflitto, significa che non abbiamo veramente accettato il nostro destino?

Ishvara: sì, vivete nel conflitto di voler essere diversi da ciò che siete.

La società ci richiede spesso di essere diversi da ciò che siamo, ci condiziona e sembrerebbe anche che ci obbliga ad adattarci al sistema, altrimenti rischiamo di essere esclusi. Come possiamo essere noi stessi se la società ce lo impedisce?

Ishvara: per questo è necessaria una rivoluzione interiore.

Con rivoluzione interiore intendi andare contro il sistema?

Ishvara: no.

Quindi intendi che non dobbiamo aspettare che siano gli altri o la società a cambiare ma che dobbiamo iniziare da noi stessi?

Ishvara: sì, voi siete la società e cambiando voi stessi, anche la società cambia.

Se dobbiamo cambiare noi stessi per cambiare la società, che cosa intendi quando dici che il vero cambiamento è il cambiamento non voluto?

Ishvara: quando il cambiamento affonda le radici nel silenzio della mente.

Il vero cambiamento avviene nel silenzio della mente. Come posso avere una mente silenziosa in una società molto rumorosa?

Ishvara: io vi dò un mantra che vi calmerà la mente.

Una mente silenziosa richiede meno ore di sonno?

Ishvara: sì, più la mente è in armonia e meno energia viene sprecata in conflitti e di notte c'è minor tempo di recupero.

È sufficiente ripetere il tuo mantra Om Namo Ishvaraya Namaha per attuare la rivoluzione interiore?

Ishvara: il mantra farà ciò che a voi non è stato possibile fare, rimuovendo gli ostacoli.

In che modo un mantra riesce a rimuovere gli ostacoli?

Ishvara: sovrapponendosi sopra i pensieri.

Una volta rimossi gli ostacoli, che cosa succede di concreto nella nostra vita?

Ishvara: ognuno avrà i propri cambiamenti.

Questi cambiamenti potrebbero destabilizzarci, farci paura e portarci indietro nei vecchi schemi, nelle vecchie paure. Che cosa ci può aiutare a non ricaderci?
Ishvara: è umano cedere e divino rialzarsi e andare avanti.

Come possiamo rialzarci e dove andare?
Ishvara: ripetete il mantra e sarà la vita stessa a guidarvi.

Ritroveremo così noi stessi in una vita che ci piacerà sempre di più?
Ishvara: sì.

A questo punto realizziamo che riusciamo a gestire non solo lo stress, ma tutta la nostra nuova vita in modo armonioso grazie al mantra e la mente più silenziosa?

Ishvara: sì, il mantra vi aiuta a rimanere centrati nei cambiamenti.

Quindi il mantra è un buon antidoto allo stress e non ha controindicazioni?

Ishvara: sì, ed è gratis.

Che cosa ci può aiutare a non ricadere nel vecchio schema e rimanere motivati nel cambiamento in atto?

Ishvara: scacciate tali pensieri, sostituendoli con un mantra o con altro.

Che altro intendi?

Ishvara: ognuno avrà le sue tecniche.

Che cosa è alla base di tutte le tecniche?

Ishvara: le credenze vi condizionano anche in questo.

Potresti spiegarlo con altre parole?

Ishvara: sceglierete la tecnica in base al vostro vissuto.

Il nostro vissuto genera le credenze e da queste credenze scaturiscono i nostri condizionamenti?

Ishvara: sì, voi siete il vostro passato.

Come possiamo scegliere delle tecniche che non siano condizionate dal passato e dalle nostre credenze?

Ishvara: diventando consapevoli dei vostri condizionamenti, ve ne libererete, e farete così le scelte giuste.

Qualsiasi condizionamento si basa su false credenze?

Ishvara: no.

Perché le false credenze possono influenzare la longevità

Nonostante la rivoluzione conoscitiva avviata dal metodo scientifico, vi è una continuità di credenze false e contraddittorie nella mente di tutti noi. Anzi, sembra proprio che le credenze appartengano al nostro stile di pensiero. Le false credenze sulla nostra salute possono avere delle conseguenze distruttive sul nostro corpo.

Tutti possiamo essere toccati da una diagnosi infelice o ad alto rischio di malattia o di morte. Vale anche per chi in maniera inconscia è stato programmato sin da piccolo da convinzioni limitanti, come "sono fragile di salute", "sono delicato" oppure "nella mia famiglia sono numerosi i casi di tumori". Tutti questi pensieri mettono l'attenzione sulla malattia e questo predispone ad essa. Quanto più ci si concentra sui modi infiniti in cui il corpo può indebolirsi, più probabile che ci si troverà ad avere i sintomi fisici. Ma è altrettanto possibile che una combinazione di convinzioni positive può attivare i meccanismi naturali di auto-riparazione del corpo che portano alla guarigione.

Becca Levy[6] ha studiato come le nostre credenze sulla longevità influenzano l'effettiva durata della nostra vita. Secondo Becca le persone che vivono più a lungo sono

---

6

Becca R. Levy è professoressa di epidemiologia (scienze sociali e comportamentali) alla Yale School of Public Health e professoressa di psicologia alla Yale University. È una ricercatrice leader nei settori della gerontologia sociale e della psicologia dell'invecchiamento. Ha condotto ricerche di base sul funzionamento degli stereotipi di sé e su come gli individui più anziani sono influenzati e possono influenzare le loro società.

quelle che credevano che la loro vita sarebbe stata lunga.

Naturalmente il pensiero positivo non è l'unico fattore. Gli incidenti accadono, i fattori di rischio genetici possono influenzare la salute e anche alle persone positive capitano cose sfavorevoli. Ma gli studi mostrano che anche se queste cose non si possono impedire, ciò in cui crediamo, soprattutto quello che temiamo, ha la tendenza a manifestarsi nella realtà, perché le convinzioni negative riempiono il nostro corpo di sostanze dannose come cortisolo e adrenalina, mentre le credenze positive rilassano il nostro sistema nervoso e permettono al nostro corpo di guarire."[7]

---

[7] https://www.generazionebio.com/notizie/4861-pensieri-negativi-danneggiano-salute.html

Che cosa è una falsa credenza?

Ishvara: il sentito dire.

Il sentito dire è molto comune nella società e per questo si creano spesso dei malintesi. Perché accettiamo troppo facilmente il sentito dire?

Ishvara: perché non indagate abbastanza.

Come possiamo indagare in un mondo così stressante dove siamo continuamente bombardati di informazioni e non sappiamo dove verificare la verità?

Ishvara: indagando la natura della vostra mente.

Qual è la natura della nostra mente?

Ishvara: scoprite chi siete di momento in momento.

Come facciamo a scoprire chi siamo?

Ishvara: siate consapevoli di ciò che siete dentro e fuori di voi.

Che cosa significa ciò che siamo dentro e fuori di noi?

Ishvara: ciò che accade nella vostra mente e fuori di voi.

Che cosa significa essere consapevoli?

Ishvara: osservate come reagisce la vostra mente.

Chi o che cosa osserva la mente?

Ishvara: il silenzio interiore.

Dunque noi siamo il silenzio interiore?

Ishvara: sì.

Il silenzio interiore è l'opposto della mente?

Ishvara: no.

Chi è allora l'opposto della mente?

Ishvara: la mente mente dunque anche gli opposti sono falsi.

Che forma ha quindi il silenzio interiore?

Ishvara: il silenzio ha la forma dello spazio infinito.

Che cosa intendi per spazio infinito?

Ishvara: l'illimitata coscienza universale e impersonale.

Ma anche credere in questo è una credenza?

Ishvara: si, fintanto che non sarà un fatto.

Che cosa è un fatto? L'esperienza? Qualcosa che posso toccare? Qualcosa che prima era metafisico e ora scientificamente provato? Come posso toccare il silenzio interiore se non è materia? Come posso farne l'esperienza diretta? Sentirlo?

Ishvara: il silenzio è sempre presente, anche quando non ci siete con il corpo e con la mente.

Quindi il silenzio è sempre un fatto?

Ishvara: sì, poiché è sempre presente.

Fintanto che non riusciamo a fare l'esperienza diretta del silenzio interiore, possiamo solo crederci?

Ishvara: sì, e scoprendo chi precede la credenza ne farete l'esperienza.

E ci vogliono anni di pratica per scoprire chi o che cosa precede la credenza?

Ishvara: no, è immediata la scoperta o realizzazione.

Non potendo la mente fare l'esperienza diretta del silenzio interiore, il silenzio stesso rimane una semplice falsa credenza?

Ishvara: sì, poiché si rimane ad un livello mentale.

Anche una credenza vera potrebbe mutarsi in una falsa? Per esempio il mantra di Ishvara che era una credenza vera in passato, ora potrebbe essere una falsa perché si è trasformato nel tempo per via delle esperienze vissute con il mantra?

Ishvara: il falso è il passato e il vero è l'esperienza del momento.

Dunque ogni credenza appartiene al passato?

Ishvara: sì.

Ogni credenza è falsa, positiva o negative che sia?

Ishvara: sì, poiché ogni credenza è un'idea e non un fatto.

Può aiutarci sostituire una falsa credenza dove credo che c'è mancanza con una nuova che c'è abbondanza anche se sempre credenza è?

Ishvara: sì, è un buon inizio.

Credere che siamo sempre in ottima salute e che avremo una vita lunga, come sostiene

Becca Levy, può avere effetti positivi sulla longevità?

Ishvara: sì.

Ma il fine ultimo non dovrebbe essere il trascendere ogni credenza?

Ishvara: sì.

Che utilità può avere tutto questo esposto sulla credenza a riguardo della longevità?

Ishvara: scoprirete che non siete longevi ma eterni.

Quindi i nostri corpi diventeranno più longevi, ma noi che li testimoniamo siamo eterni?

Ishvara: sì.

La longevità, una rivoluzione silenziosa[8]

"L'invecchiamento è un processo che interessa tutti gli organismi viventi e nell'uomo comporta modificazioni del corpo e delle sue funzioni; il fenomeno è graduale e progressivo, anche se variabile per ogni individuo. Esistono difficoltà a stabilire l'inizio del processo di invecchiamento; biologicamente si assiste ad una generale riduzione del numero delle cellule e ad una diminuzione dell'efficienza funzionale, accompagnata da modificazioni organiche e predisposizione ad una serie di disturbi.

Studi anatomo-patologici sul cervello hanno evidenziato che nell'invecchiamento si ha una sclerosi progressiva, anche se esistono

---

[8] http://www.ilpiacenza.it/economia/longevita-tra-genetica-e-stile-di-vita.html

dei casi in cui non sono presenti modificazioni cerebrali e si ritiene possibile un recupero delle funzioni, attraverso un processo di attivazione sinaptica, detto sinaptogenesi.

Una recente ricerca ha scoperto come calcolare la longevità di una persona misurando la velocità con cui invecchia il suo DNA. Lo studio si riferisce al genetista Steve Horvath dell'Università di Los Angeles che ha lavorato sui dati genetici di oltre 13 mila persone. È emerso che un individuo che presenti una elevata età biologica, misurabile analizzando il suo DNA, avrà un alto rischio di morte prematura, indipendentemente dalla sua data di nascita. I geni, però, non determinano tutto e la predisposizione genetica alla longevità si annulla, se non vengono adottati comportamenti salutari. Fumo, alcool, sedentarietà, esposizione agli inquinanti chimici, radiazioni, vanificano gli influssi positivi dei geni ed accorciano la vita.

Secondo gli scienziati, la possibilità di una lunga vita in buona salute è per il 70% affidata a noi stessi e deriva dalle abitudini che adottiamo, indipendentemente dal nostro patrimonio genetico. L'esercizio fisico, inoltre, alza il tono dell'umore ed aiuta a mantenere allenate le capacità cerebrali. Gli italiani sono tra i popoli che nel mondo, hanno la probabilità di vivere più a lungo, secondo i dati della relazione annuale 2015 dell'Organizzazione Mondiale della Sanità. L'Italia è al secondo posto per l'aspettativa di vita, insieme a San Marino, Spagna, Svizzera e Singapore, al primo posto si trova il Giappone.

Gli studiosi dei meccanismi della longevità cercano "il gene della giovinezza"; fino ad ora non l'hanno trovato, ma hanno scoperto i meccanismi che avviano l'invecchiamento ed i metodi utili per allungare la vita delle cellule. Gli anni di vita dei propri genitori e dei parenti prossimi, sono un utile indicatore sulla probabilità di vivere a lungo; i fratelli e i figli dei centenari, vivono per lo più oltre la media.

Per scoprire il gene della longevità, i ricercatori della Stanford University e dell'Università della California, hanno analizzato il genoma di 17 delle 74 persone che, al momento della ricerca avevano superato i 110 anni di età; dall'esame, è emerso che nessuna singola variante genica era comune tra i supercentenari. Ma anche se non esiste uno specifico "gene della longevità", piccole differenze nella sequenza di alcuni geni possono favorire o sfavorire l'invecchiamento. La componente genetica è stata analizzata da studi multicentrici che hanno identificato 281 mutazioni di geni, in base alle quali era possibile fare previsioni sulla longevità di una persona.

Tra le varianti genetiche che possono favorire la longevità, vi sono anche quelle che regolano i telomeri, le strutture di protezione del DNA, alla cui lunghezza sembrano strettamente collegati i processi di invecchiamento. I telomeri sono il cappuccio protettivo collocato al termine dei cromosomi, che servono a proteggere, a mantenere integro il DNA, evitando che possa modificarsi nella duplicazione cellulare. Quando la lunghezza dei telomeri, scende sotto una soglia critica, definito "Hayflick limit" che si crede essere tra 50-70 divisioni cellulari, le cellule diventano senescenti e la divisione cellulare si ferma.

Ricerche recenti hanno anche dimostrato che vari fattori, quali ad esempio lo stress e la depressione possono portare all'accorciamento dei telomeri, causano invecchiamento precoce e incidono profondamente sulla durata della vita. I ricercatori dell'Indiana University School of Medicine e dello Scripps Research Institute sono riusciti ad identificare una serie di geni che sembrano controllare l'impatto delle risposte sulla stabilità dell'umore e dello stress in relazione alla longevità. I test sull'uomo hanno portato alla luce 347 geni associati a sintomi depressivi e le analisi del sangue hanno rilevato una maggiore attività del gene ANK 3 nelle persone anziane o con grave depressione. Una serie di composti può agire su questi geni e promuovere la longevità: Omega 3, acidi grassi DHA (acido docosaesaenoico), piracetam, quercetina, vitamina D, resveratrolo, composti estrogeno simile, antidiabetici, rapamicina (immunosoppressore)."

"Chi non ha paura di rughe, capelli bianchi e acciacchi, vive più a lungo. Pensare con ottimismo alla propria vecchiaia rallenta l'invecchiamento, che invece arriva prima per chi se ne preoccupa costantemente. A dimostrare il potere del 'pensare positivo' è uno studio americano pubblicato sul 'Journal of Personality and Social Psychology'. Addirittura, essere ottimisti sugli anni che passano inesorabili, regala anni di vita in più rispetto a quelli guadagnati - affermano i ricercatori dell'università di Yale, nel Connecticut - non fumando o facendo regolarmente esercizio fisico."[9]

È possibile rallentare l'invecchiamento del corpo?
Ishvara: sì.

E come?
Ishvara: con la vostra tecnica di guarigione.

---

[9] https://www.repubblica.it/salute/medicina-e-ricerca/2018/11/09/news/la_longevita_dipende_meno_del_10_da_geni_degli_antenati-211202846/

Ci sono tante tecniche di guarigione e che cosa le accomuna al riguardo della longevità?

Ishvara: il fatto di riuscire a rallentare l'invecchiamento cellulare.

La mente, diventando silenziosa, cambia il proprio paradigma verso la vita, questo fa sì che, se finora le cellule cerebrali si comportavano in un certo modo, con il cambiamento di paradigma, le cellule del cervello potrebbero anche rigenerarsi?

Ishvara: sì, la meditazione può rigenerare tutte quante le cellule del corpo.

C'è una tecnica di meditazione particolare o vanno bene tutte per rigenerare tutte quante le cellule del corpo?

Ishvara: più la meditazione riguarderà la quotidianità e più vi rigenerate.

Potresti darci un altro esempio oltre il mantra?

Ishvara: il pensiero positivo e la respirazione.

Ci potresti dare un'altra tecnica di respirazione semplice ed efficace accompagnata con un'affermazione quotidiana?

Ishvara: Inspirate ripetendo mentalmente Om Namo ed espirate ripetendo Ishvaraya Namaha.

La meditazione, oltre a rallentare il degrado cellulare, potrebbe anche favorire la riattivazione delle cellule che si sono atrofizzate con il tempo? L'invecchiamento non solo rallenterebbe, ma addirittura ci sarebbe un ringiovanimento cellulare?

Ishvara: sì, le cellule nascono e muoiono in ogni istante.

Le nuove cellule nate avrebbero un'informazione nuova che rallenterebbe l'invecchiamento?
Ishvara: sì.

Questo significa che noi possiamo ringiovanire e così prolungare la vita?
Ishvara: sì, ci sono stati esempi nella storia umana.

Da dove nasce il bisogno dell'essere umano di voler prolungare la vita?
Ishvara: dalla paura della morte.

Perché l'essere umano ha così tanta paura di morire?

Ishvara: perché crede di essere solo un corpo fisico.

Come mai la vita è così importante?
Ishvara: perché vi siete identificati in essa.

Che senso ha allora la vita?
Ishvara: il senso lo date ognuno di voi in base le vostre caratteristiche.

Questo implica che, dal piano dell'Assoluto, la nostra vita non ha alcun senso, se non quello che gli diamo noi?
Ishvara: se così fosse, gioireste pensando di morire.

Perché gioiremmo pensando alla morte?
Ishvara: poiché siete certi che ritornerete a casa.

Si potrebbe dire che, in verità, non abbiamo mai abbandonato la casa eterna?

Ishvara: sì.

Quando moriamo con violenza, sentiamo dolore fisico, perdiamo i sensi e l'anima esce fuori dal corpo per evitare più dolore?

Ishvara: il corpo regge solo un certo quantitativo di dolore.

E l'anima che cosa fa?

Ishvara: trasmigra in un altro piano di coscienza.

Anche solo per un breve periodo?

Ishvara: sì, i piani di coscienza s'intrecciano.

L'anima, dunque, non ha lasciato completamente il corpo, ha messo un piede in un altro piano di coscienza, per poi ritornare nel corpo, è questa la pre-morte?

Ishvara: sì, i confini non sono lineari.

Chi o che cosa troviamo nell'aldilà quando moriamo?

Ishvara: ognuno entrerà in stati di coscienza diversi secondo il processo evolutivo dell'anima.

Alcune persone che hanno vissuto delle esperienze pre-morte raccontano di aver visto delle luci oppure persone care defunte che sono venute a prenderle, sono attendibili queste esperienze?

Ishvara: sì, questi sono alcuni esempi.

Ma ha senso allora cercare di prolungare la vita?

Ishvara: anche questo è soggettivo, non a tutti può interessare.

Un corpo e una mente sani, oltre a favorire la longevità, potrebbero aiutare nel processo evolutivo dell'anima?
Ishvara: avete scoperto il senso della vita.

Perché un corpo e una mente sani possono aiutare nel processo evolutivo dell'anima?
Ishvara: perché si adempie meglio il cammino spirituale quando si è sani.

Quanto possono arrivare a vivere gli extraterrestri umanoidi, simili a noi?
Ishvara: anche migliaia di anni.

Quindi loro hanno più alte probabilità di realizzare il Sé?

Ishvara: non è tanto la lunghezza della vita che conta ma che cosa se ne fa.

Anche se sulla Terra non si vive così a lungo, è uno dei posti dove ci si evolve di più?
Ishvara: sì, ma ricordatevi sempre che è la qualità a fare la differenza, che consiste nel cammino spirituale.

Perché non tutti sono interessati ad evolvere, anzi, addirittura alcuni sembrano retrocedere evolutivamente?
Ishvara: non si retrocede ma si va solo avanti nel processo evolutivo.

Quindi se non si retrocede, la questione è solo quanto si va avanti, e quanto si evolve?
Ishvara: sì, tutto il creato è in un processo del divenire.

Se qualcuno compie un atto così grave da creare un karma estremamente negativo non indica forse che evolutivamente sia andato indietro?

Ishvara: il karma è un processo evolutivo che va sempre avanti.

Che cosa intendi per processo evolutivo?

Ishvara: il cammino spirituale che l'anima deve fare per realizzare il Sé.

Che relazione c'è tra il processo evolutivo e gli stati di coscienza?

Ishvara: essi permettono al processo evolutivo di realizzarsi.

Non è tanto importante il piano di coscienza in cui ci si trova ma il cammino spirituale, poi ognuno ha i propri ritmi evolutivi?

Ishvara: esatto, per questo ogni attimo dovrebbe essere vissuto pienamente.

È dunque il cammino spirituale a permetterci di conseguire la pienezza della vita?
Ishvara: sì, solo così sarete nella beatitudine dell'essere.

Una vita sana e lunga indirizzata verso la ricerca spirituale ci permetterà di avere più possibilità di realizzare il Sé e raggiungere la beatitudine dell'essere?
Ishvara: sì, questo è lo scopo ultimo.

Comunque, non tutti sono interessati alla longevità e al cammino spirituale?
Ishvara: ognuno ha la propria scala di valori.

Che cosa definisce la nostra scala di valori?

Ishvara: ciò che per voi è più importante.

Come possiamo noi risvegliare l'interesse nel voler evolvere?

Ishvara: comunicando e dimostrando con i fatti.

Come possiamo dimostrare con i fatti che stiamo evolvendo?

Ishvara: divenendo sempre più responsabili della vostra salute, della vostra vita.

Quali sono i fattori principali nel mantenere in buono stato la salute?

Ishvara: fattori determinanti sono il cercare di avere una mente serena, un corpo sano e la gioia di vivere.

Per mente serena intendi dire una mente che rimane imperturbata dalle circostanze esteriori?

Ishvara: sì.

Oltre ad essere di esempio, che cosa possiamo fare per aiutare un'altra persona a mantenere in buono stato la salute?

Ishvara: sviluppare delle tecniche che aiutino in questo.

Ishvara Healing Meditation

L'Ishvara Healing Meditation è un'intensa e profonda esperienza nella quale sono utilizzati il mantra di Ishvara, il lavoro energetico e i massaggi intuitivi, le preghiere, le affermazioni positive, la propria voce accompagnata da alcuni strumenti musicali terapeutici per armonizzare il corpo, la mente e lo spirito. Tutto ciò contribuisce inoltre ad equilibrare le energie interiori, i corpi sottili e i due emisferi cerebrali, purificando e vitalizzando le energie corporee fino a un livello cellulare. A ciò, si aggiunge il Satsang con Ishvara, nel quale si può indagare che cosa ci sia dietro una malattia o qualsiasi problema di salute. In questo viaggio olistico vengono attivati diversi processi di guarigione. Inoltre, si possono vivere delle meravigliose esperienze interiori e sperimentare la beatitudine del Sé.

Perché una persona dovrebbe fare l'Ishvara Healing Meditation invece di un'altra tecnica?

Ishvara: non si tratta di dire quale tecnica sia migliore, ma piuttosto di capire, intuire quella a cui una persona sia indirizzata dal piano divino.

Qual è il fattore determinante che rende tutte le tecniche efficaci?

Ishvara: l'amore.

Ma non tutti sono in grado di capire o intuire l'indirizzo giusto?

Ishvara: al momento giusto accadrà.

Questo significa che un'indicazione prima o poi ci arriverà sempre?

Ishvara: certo, abbiate pazienza e fiducia.

Che cosa succede durante una seduta di Ishvara Healing Meditation?

Ishvara: ognuno sperimenterà diverse forme di guarigione.

Quante sedute sono consigliabili? O potrebbe bastare solo una seduta?

Ishvara: dipenderà da caso a caso.

L'Ishvara Healing Meditation è adatta a tutte le età e a tutti gli esseri viventi?

Ishvara: sì.

Ci possono essere delle controindicazioni?

Ishvara: no.

Che competenze dovrebbe avere una persona che pratica l'Ishvara Healing Meditation?

Ishvara: riconoscere l'insegnamento approfondendolo.

A quale insegnamento ti riferisci?

Ishvara: l'insegnamento di Ishvara.

Una persona che ha problemi di salute può condurre una seduta d'Ishvara Healing Meditation?

Ishvara: sì, è l'intenzione del cuore che conta.

La forza di guarigione dell'Ishvara Healing Meditation viene trasmessa anche a lunghe distanze e online?

Ishvara: sì, le energie sottili corrono ovunque.

Per la pratica a distanza, dopo essersi accordati per l'ora del trattamento, il cliente si mette comodamente in un luogo tranquillo (ad esempio, si sdraia sul letto della propria camera), quindi, si utilizza il nome e il cognome con eventualmente la data di nascita e il luogo del cliente, oppure anche una fotografia e lavorare così con la visualizzazione a distanza, che ne pensi di questo modo di procedere?

Ishvara: sì, accordatevi sempre di volta in volta.

Che caratteristiche dovrebbe avere il luogo dove si pratica questa tecnica, oltre ad essere il più silenzioso possibile, pulito, caldo, accogliente, protetto, ecc....?

Ishvara: ciò che conta, è che tutti si sentano a proprio agio.

Ci vuole un lettino da massaggio o andrebbe bene anche praticare su un semplice tappeto?

Ishvara: la persona dovrà essere comoda per potersi rilassare.

Consigli l'utilizzo di una candela e di un bastoncino d'incenso?

Ishvara: sì, se non disturba qualcuno.

Che cosa succede a livello sottile quando il praticante appoggia o avvicina la sua mano alla persona?

Ishvara: flussi di energia scorrono attraverso le mani.

Che effetti hanno questi flussi di energia sulla persona che riceve il trattamento?

Ishvara: sono diversi gli effetti di guarigione.

Come ad esempio malattie fisiche che retrocedono o guariscono del tutto oppure un maggiore benessere psicologico?

Ishvara: esatto.

Da dove vengono i flussi di energia?

Ishvara: sono da me presieduti.

Nell'Ishvara Healing Meditation intervengono anche altri maestri ed esseri di luce che aiutano nel processo di guarigione?

Ishvara: sì e, di volta in volta, cambiano.

Dipende dal tipo di lavoro che dev'essere fatto?

Ishvara: sì, ogni situazione attirerà gli esseri di luce necessari.

Questi maestri o esseri di luce vanno invocati prima di ogni sessione di guarigione?

Ishvara: essendo sempre diversi, non occorre chiamarli, essi interverranno quando saranno chiamati in causa dal piano divino.

Confermi che l'azione di guarigione più profonda è puramente energetica e con poco o nessun movimento fisico delle mani del praticante?

Ishvara: dipende da caso a caso, ma in genere è così.

Gli aborigeni australiani, come viene descritto nel libro "e venne chiamata due cuori", facevano guarigioni parlando alla parte malata e invitandola a ritornare pienamente funzionale, in stato ottimale. Pensi che una modalità simile di rivolgersi alla parte malata attraverso mantra, preghiere, canti e altro possa essere d'aiuto?

Ishvara: sì.

Che affermazione o credenza suggerisci di avere per guarire un conflitto emotivo che scatena un problema alla prostata? Al fegato? Alla vagina? E che vada bene per qualsiasi problema?

Ishvara: io guarisco.

Accogliere il dolore, significa rivivere il trauma per poi lasciarlo andare?

Ishvara: sì, imparate ad entrare sempre più nel dolore, lasciando che si sveli a voi, e questo stesso atto porterà allo scioglimento, al superamento del trauma.

Rivivere il trauma è spesso spiacevole, c'è un altro modo per sciogliere il dolore, in modo da non dove dover rivivere il dolore?

Ishvara: sì.

In che modo?

Ishvara: solo la grazia divina vi eviterà alcune sofferenze.

Che cosa pensi dei funghi allucinogeni presi in micro dosi per attuare delle guarigioni?

Ishvara: lo sciamano sa cosa fare.

Qual è l'approccio più diretto per avere una guarigione completa?

Ishvara: non c'è solo un approccio.

L'Ishvara Healing Meditation potrebbe essere sufficiente per avere una guarigione completa?

Ishvara: certamente.

Un evento traumatico vissuto male da qualcuno, crea false credenze mentali che vengono registrate e depositate nel corpo, e un giorno diventeranno malattia, corretto?

Ishvara: sì, siete il frutto delle esperienze passate.

Come vivere al meglio un evento traumatico?

Ishvara: mettendolo in scena oppure lasciando andare totalmente l'idea.

Che cosa cerchiamo di guarire se il Sé è oltre il corpo e la mente?

Ishvara: il Sé non richiede alcuna guarigione.

E quindi sono solo la mente e il corpo che devono guarire, e non ciò che siamo: il Sé, l'Assoluto?
Ishvara: sì.

Che connessione c'è tra il corpo e la mente con il Sé?
Ishvara: essi sono una Sua manifestazione.

Che cosa succede dopo la guarigione di tutti e tutto sulla Terra?
Ishvara: tutto andrà avanti, come sempre.

Avanti in che senso?

Ishvara: è una domanda impossibile poiché non ci sarebbe più nulla da guarire e tutto sarebbe riassorbito nel Sé.

Ciò che sperimentiamo in questo momento è legato al senso del conoscere che, a sua volta, è sotto il dominio del tempo, come facciamo a liberarci dal tempo e conseguire così l'eternità?

Ishvara: realizzando che voi siete già l'eternità che cercate.

Quando il senso d'individualità è svanito, viene sperimentata una sensazione di essere oltre il corpo, come se ogni confine si sia assottigliato a tal punto da benedirci con un abbraccio verso l'intero multiverso. Chi o che cosa sperimenta tutto ciò?

Ishvara: l'illimitata coscienza universale e impersonale.

È corretto ritenere che, poiché la coscienza universale pervade tutto, essa non può soffrire alcuna perdita né tantomeno guadagnare nulla dall'interazione dei sensi?

Ishvara: sì, la coscienza universale pervade ogni cosa e la trascende.

Fino a quando ci identifichiamo con il corpo, sperimentiamo il piacere e il dolore anche se la coscienza è universale e si manifesta attraverso il nostro corpo. In assenza del senso dell'essere, come possono esserci il testimone, la cosa testimoniata e l'atto di testimoniare/osservare?

Ishvara: voi siete già la coscienza universale, ma la falsa identificazione con il corpo e la mente vi impedisce di riconoscervi nel Sé, nell'illimitata coscienza universale e impersonale.

Ciò che testimonia in questo istante sia la sensazione di essere lo spazio infinito che un corpo, rappresenta il vero testimone che è solamente il Sé eterno?
Ishvara: sì, il Sé testimonia sé stesso.

Rimanendo stabili nel qui e ora, centrati, raccogliamo tutto l'amore che è sparso e disseminato ovunque e sarà proprio questo amore che si prenderà cura di noi?
Ishvara: sì, così ci sarà l'abbandono totale.

Questo amore è sia manifesto che universale, dunque, è presente anche in questo momento. Che qualità caratterizzano maggiormente un corpo e una mente che si trovano a riconoscersi in questo amore?

Ishvara: corpo e mente non saranno separati, regneranno la pace e il silenzio.

Conclusione

L'Ishvara Healing Meditation vi aiuterà nel cambiamento verso una nuova vita e verso l'uomo nuovo.

Testimonianze

Buongiorno,

volevo ringraziarvi, perché ieri ho dovuto lasciare il vostro studio velocemente dopo il massaggio. È stato molto forte ed intenso. Ero un po' titubante, perché non avevo mai provato un massaggio di questo genere. Sono arrivato a 4 mani con quello ayurvedico, ma mai a 8. Bravi tutti davvero, è stato un bellissimo regalo che mi sono fatta.

Daniela

Ciao,

volevo esprimere il beneficio derivato con l'Ishvara Healing Meditation...Grazie ancora per un ottimo lavoro.

Om Namo Ishvaraya Namaha.

Sonia

Cari Dawio, Therry, Alex e Anja: che bel momento ho vissuto con voi. Ho sentito la tecnica ma anche la capacità di ognuno di voi di entrare in punta di piedi nella mia anima. Mi sono sentita accolta e mai forzata e questo era quello di cui avevo paura (visto che siete in 4). È andato tutto bene e vi ringrazio.
Petra

Grazie cari per il vostro lavoro. Sì, è stato un massaggio che mi ha aperto il cuore e che ha fatto migliorare non poco il mio dolore all'anca.
Egidio

Buongiorno,
volevo ringraziarvi, perché ho dovuto lasciare il vostro studio velocemente dopo il

massaggio. È stato molto forte ed intenso. Ero un po' titubante, perché non avevo mai provato un massaggio di questo genere. Sono arrivato a 4 mani con quello ayurvedico, ma mai a 8. Bravi tutti davvero, è stato un bellissimo regalo che mi sono fatta.

Daniela

Carissimi,

grazie di cuore per per la meravigliosa esperienza con l'Ishvara Healing Meditation. È stato molto intenso e profondo.

Un abbraccio,

Katia

Bibliografia

https://www.lastampa.it/cultura/2012/02
/16/news/il-segreto-di-okinawa-br-l-isola-
dove-si-vive-fino-a-cent-anni-1.36500997

http://www.absurdityisnothing.net/2010/0
3/il-mistero-di-li-ching-yun-luomo-che-
visse-256-anni/

https://www.wired.it/attualita/2016/11/2
6/malattie-croniche-diffuse/

https://francescominellipsicologo.it/solitudi
ne-interiore/

https://www.angelini.it/wps/wcm/connect
/it/home/patologie-e-cure/ansia-e-
depressione/patologie/lo-stress/come-
nasce-lo-stress

https://www.generazionebio.com/notizie/4
861-pensieri-negativi-danneggiano-
salute.html

http://www.ilpiacenza.it/economia/longevit
a-tra-genetica-e-stile-di-vita.html

https://www.repubblica.it/salute/medicina
-e-
ricerca/2018/11/09/news/la_longevita_dip
ende_meno_del_10_da_geni_degli_antenati-
211202846/

Biografie

Ishvara

Rappresenta anche gli angeli custodi, gli spiriti guida e tutta quanta la manifestazione e, nello stesso istante, rappresenta anche tutto ciò che è al di là della manifestazione e, dalla loro unione, ecco fiorire Dio, l'Assoluto, l'illimitata coscienza universale e impersonale, l'Uno, la vacuità, l'AMORE...

Nel glossario sanscrito (antica lingua dell'India) troviamo la seguente definizione di Ishvara: l'essere universale principio di ogni manifestazione.

A partire dalla Bhagavadgita, Ishvara diviene il titolo del "Dio supremo" e così verrà utilizzato, nel periodo post-vedico, per riassumere i differenti nomi delle divinità.

Ishvara ha contattato per la prima volta Therry e Dawio il 29 giugno 2017 alle ore 16.00 per dare degli insegnamenti a coloro che glieli richiederanno.

Dawio Bordoli

Insegnante di Yoga sciamanico, costellatore immaginale, musicoterapista, suona la chitarra a 12 corde, Master Reiki, channelor, ricercatore spirituale, ha creato insieme a sua moglie Maria Theresia diverse tecniche di crescita personale e spirituale come l'Ishvara Amrita Yoga, Costellazioni Relazionali, Zen-Satsang, la Pittura Zen creativa, l'Ishvara

Healing Meditation con Alex e Anja, e conducono diversi gruppi per la crescita personale, spirituale e di Kirtan/Bhajan. Ha pubblicato 13 libri.

Maria Theresia Bitterli

Master of Art in Counseling relazionale, Bachelor in scienza della comunicazione, costellatrice e counselor immaginale, drammaterapista, musicoterapista, suona l'harmonium e l'arpa, arteterapista, Master Reiki, channelor, medium e guaritrice della luce, insegnante di Yin Yoga, AuyrYoga, Yesudian e Yoga sciamanico, astrologa, naturopata, ricercatrice spirituale, ha creato insieme a suo marito Dawio diverse tecniche di crescita personale e spirituale come l'Ishvara Amrita Yoga, Costellazioni Relazionali, Zen-Satsang, la pittura Zen creativa, l'Ishvara Healing Meditation con Alex e Anja, e conducono diversi gruppi di attività per la crescita personale, spirituale e di Kirtan/Bhajan. Ha pubblicato 18 libri.

Anja Käthner

Da oltre 10 anni attratta dalla ricerca spirituale e dagli approfondimenti delle tecniche psicofisiche, ha così intrapreso vari percorsi seguendo differenti insegnanti e maestri. Sempre orientata nel lavoro energetico e nel massaggio, approfondisce sempre di più le tecniche apprese per seguire maggiormente il proprio lavoro personalizzato attraverso canti, massaggi, lavori energetici, PNL e la meditazione. Da diversi anni approfondisce l'insegnamento di Ishvara e ha creato insieme ad Alex, Dawio e Therry l'Ishvara Healing Meditation.

Alex Dawson

Appassionato di guarigione e spiritualità, praticante del metodo Feldenkrais, Zen Shiatsu, Master Reiki, buona esperienza con la guarigione di tipo "sciamanico", grande viaggiatore, da anni praticante di meditazione Vipassana, Advaita e trasmissione. Da diversi anni approfondisce l'insegnamento di Ishvara e ha creato insieme ad Anja, Dawio e Therry l'Ishvara Healing Meditation.

LIBERTA' - LUCE – AMORE

www.studioishvara.com